L'ARGENT C'EST DU TEMPS

L'Art de Gérer son Temps et ses Finances
pour une Vie Prospère et Équilibrée

Sabrina Du Perray

Copyright © 2024 Sabrina Du Perray

All rights reserved

The characters and events portrayed in this book are fictitious. Any similarity to real persons, living or dead, is coincidental and not intended by the author.

No part of this book may be reproduced, or stored in a retrieval system, or transmitted in any form or by any means, electronic, mechanical, photocopying, recording, or otherwise, without express written permission of the publisher.

CONTENTS

Title Page
Copyright
L'ARGENT C'EST DU TEMPS — 1
Introduction — 2
Chapitre 1 : Introduction à la Gestion du Temps et des Finances — 5
Chapitre 2 : Fixation d'Objectifs Efficace — 9
Chapitre 3 : Techniques de Gestion du Temps — 13
Chapitre 4 : Stratégies Financières Personnelles — 18
Chapitre 5 : Équilibre Vie Professionnelle et Personnelle — 25
Chapitre 6 : Intégration et Mise en Pratique — 30
Chapitre 7 : Ressources et Outils — 35
Conclusion — 40
Annexes — 44

L'ARGENT C'EST DU TEMPS

L'Art de Gérer son Temps et ses Finances pour une Vie Prospère et Équilibrée

INTRODUCTION

Présentation de l'eBook

Bienvenue dans cet eBook intitulé "L'Art de Gérer son Temps et ses Finances pour une Vie Prospère et Équilibrée". Ce guide a été conçu pour vous aider à maîtriser deux aspects cruciaux de la vie moderne : la gestion du temps et la gestion des finances. Que vous soyez étudiant, professionnel, entrepreneur, ou simplement quelqu'un cherchant à améliorer son quotidien, cet eBook est pour vous. En suivant les conseils et les stratégies présentés ici, vous pourrez non seulement améliorer votre productivité, mais aussi assurer une stabilité financière qui vous permettra de vivre sereinement.

Importance de la Gestion du Temps et des Finances

Dans le monde d'aujourd'hui, où tout va très vite, il est facile de se sentir dépassé. La gestion du temps et des finances est essentielle pour plusieurs raisons :

1. **Atteinte des Objectifs** : Une bonne gestion du temps vous permet de rester concentré sur vos priorités et d'atteindre vos objectifs plus rapidement. De même, une gestion financière efficace vous aide à atteindre vos objectifs financiers, que ce soit l'achat d'une maison, la préparation de votre retraite ou la création d'une entreprise.

2. **Réduction du Stress** : Le stress est souvent lié à

une mauvaise gestion du temps et des finances. En organisant mieux votre emploi du temps et en ayant une vision claire de vos finances, vous pouvez réduire considérablement ce stress et améliorer votre bien-être général.

3. Amélioration de la Productivité : Une gestion efficace du temps permet de maximiser la productivité en évitant les distractions et en se concentrant sur les tâches importantes. De même, une bonne gestion financière permet d'optimiser les ressources et de faire des choix éclairés.

4. Équilibre Vie Professionnelle/Vie Personnelle : Gérer efficacement votre temps et vos finances vous aide à trouver un équilibre entre vos responsabilités professionnelles et vos besoins personnels, vous permettant ainsi de mener une vie plus épanouissante.

Objectifs de l'eBook

Cet eBook a été conçu avec plusieurs objectifs en tête :

1. Fournir des Stratégies Pratiques : Vous offrir des techniques et des stratégies concrètes pour améliorer votre gestion du temps et de vos finances. Ces stratégies sont faciles à comprendre et à mettre en pratique, quel que soit votre niveau actuel.

2. Encourager l'Action : Vous motiver à prendre des mesures dès maintenant pour améliorer votre situation. Chaque chapitre se termine par des exercices pratiques et des plans d'action pour vous aider à intégrer les concepts appris dans votre vie quotidienne.

3. Offrir des Ressources Utiles : Mettre à votre disposition une sélection de ressources, d'outils et de références pour aller plus loin. Que ce soit des applications, des

livres, ou des sites web, ces ressources vous aideront à approfondir vos connaissances et à rester sur la bonne voie.

4. Inspirer par des Exemples Concrets : Présenter des études de cas et des témoignages de personnes qui ont réussi à transformer leur vie grâce à une meilleure gestion du temps et des finances. Ces histoires inspirantes vous montreront que vous aussi pouvez y arriver.

En parcourant cet eBook, vous découvrirez comment intégrer ces principes dans votre vie et comment créer un plan personnalisé qui vous mènera vers une vie plus prospère et équilibrée. Préparez-vous à entreprendre un voyage vers une meilleure version de vous-même, où vous maîtriserez votre temps et vos finances pour vivre la vie que vous méritez.

CHAPITRE 1 : INTRODUCTION À LA GESTION DU TEMPS ET DES FINANCES

Définition et Importance de la Gestion du Temps et des Finances

Définition De La Gestion Du Temps

La gestion du temps est l'ensemble des pratiques, des techniques et des outils permettant d'optimiser l'utilisation de son temps pour atteindre des objectifs spécifiques. Elle implique la planification, l'organisation, la hiérarchisation des tâches et l'utilisation efficace des ressources temporelles disponibles.

Importance De La Gestion Du Temps

1. **Productivité Accrue** : Une bonne gestion du temps permet d'accomplir davantage de tâches dans un laps de temps donné, augmentant ainsi la productivité.
2. **Réduction du Stress** : En ayant un emploi du temps bien organisé, on évite la précipitation et le sentiment d'être débordé, ce qui réduit considérablement le stress.
3. **Amélioration de la Qualité du Travail** : En consacrant le temps nécessaire à chaque tâche, on améliore la qualité du travail effectué.
4. **Équilibre Vie Professionnelle/Vie Personnelle** : Une gestion efficace du temps permet de consacrer suffisamment de temps à ses activités professionnelles

et personnelles, menant à un équilibre de vie sain.

Définition De La Gestion Des Finances

La gestion des finances personnelles implique la planification, la gestion et le suivi des dépenses, des revenus, de l'épargne et des investissements d'une personne. Elle inclut des activités telles que l'établissement d'un budget, la planification de l'épargne pour des objectifs futurs et la gestion des dettes.

Importance De La Gestion Des Finances

1. **Sécurité Financière** : Une gestion financière efficace permet d'assurer une stabilité économique, en évitant les dettes excessives et en épargnant pour les imprévus.
2. **Réalisation des Objectifs Financiers** : Que ce soit pour l'achat d'une maison, la préparation à la retraite ou les études des enfants, une bonne gestion des finances permet d'atteindre ces objectifs plus facilement.
3. **Réduction du Stress Financier** : En ayant une vision claire de sa situation financière, on évite l'angoisse liée aux finances.
4. **Capacité à Saisir les Opportunités** : Avec une gestion financière rigoureuse, on est mieux préparé pour saisir les opportunités d'investissement et de croissance.

Les Bénéfices d'une Bonne Gestion dans la Réalisation de Ses Objectifs

1. **Clarté et Concentration** : Une bonne gestion du temps et des finances permet de clarifier ses priorités et de se concentrer sur ce qui est vraiment important.
2. **Progrès Mesurables** : En suivant un plan bien défini, on

peut mesurer ses progrès, ce qui est motivant et permet d'ajuster ses stratégies si nécessaire.
3. **Gain de Temps et d'Argent** : Une organisation efficace permet d'économiser du temps et de l'argent, en évitant les gaspillages et les activités non productives.
4. **Augmentation de la Confiance en Soi** : En atteignant régulièrement ses objectifs grâce à une bonne gestion, on renforce sa confiance en soi et sa capacité à relever des défis.
5. **Qualité de Vie Améliorée** : Une gestion équilibrée du temps et des finances mène à une vie plus sereine, avec moins de stress et plus de satisfaction personnelle et professionnelle.

Aperçu des Concepts de Base

1. **Planification et Organisation**
    - **Planification** : Créer un calendrier détaillé de ses activités et tâches.
    - **Organisation** : Structurer son environnement de travail et ses processus pour une efficacité maximale.
2. **Priorisation et Hiérarchisation**
    - **Priorisation** : Identifier les tâches les plus importantes et urgentes.
    - **Hiérarchisation** : Classer les tâches en fonction de leur importance et urgence pour déterminer l'ordre de traitement.
3. **Suivi et Évaluation**
    - **Suivi** : Utiliser des outils de suivi pour monitorer l'avancement des tâches et des finances.
    - **Évaluation** : Réévaluer régulièrement ses

stratégies et ajuster si nécessaire.

4. **Budget et Épargne**
    - **Budget** : Élaborer un budget pour contrôler ses dépenses et maximiser l'épargne.
    - **Épargne** : Mettre en place des stratégies pour épargner régulièrement en vue d'objectifs futurs.

5. **Investissement et Gestion des Dettes**
    - **Investissement** : Apprendre les bases de l'investissement pour faire fructifier son argent.
    - **Gestion des Dettes** : Mettre en place des plans pour rembourser les dettes de manière efficace et éviter l'endettement excessif.

En comprenant et en appliquant ces concepts de base, vous serez mieux équipé pour gérer efficacement votre temps et vos finances, ce qui vous aidera à atteindre vos objectifs personnels et professionnels.

CHAPITRE 2 : FIXATION D'OBJECTIFS EFFICACE

Importance des Objectifs Clairs et Réalisables

Pourquoi Des Objectifs Clairs Et Réalisables Sont Essentiels

Les objectifs jouent un rôle crucial dans la réussite personnelle et professionnelle. Ils servent de guide et de motivation, fournissant une direction claire pour vos efforts. Voici pourquoi des objectifs clairs et réalisables sont si importants :

1. **Clarté et Direction** : Des objectifs bien définis fournissent une direction claire. Vous savez exactement ce que vous voulez accomplir et pouvez concentrer vos efforts sur les actions nécessaires pour y parvenir.
2. **Motivation** : Des objectifs précis et réalisables maintiennent votre motivation. Ils vous permettent de visualiser vos progrès et de rester engagé dans le processus.
3. **Mesure des Progrès** : Avec des objectifs clairs, il est plus facile de mesurer vos progrès. Vous pouvez évaluer régulièrement où vous en êtes par rapport à votre but final et ajuster vos efforts en conséquence.
4. **Réduction du Stress** : Lorsque vous avez des objectifs précis, vous réduisez l'incertitude et le stress liés à l'absence de direction. Vous savez où vous allez et ce que vous devez faire pour y arriver.

5. **Amélioration de la Productivité** : Des objectifs bien définis vous aident à rester concentré sur les tâches importantes et à éviter les distractions. Cela améliore votre productivité globale.

Méthodologie SMART pour la Fixation d'Objectifs

La méthode SMART est un cadre éprouvé pour définir des objectifs clairs et réalisables. SMART est un acronyme qui signifie Spécifique, Mesurable, Atteignable, Réaliste et Temporel. Voyons chaque composante en détail :

1. **Spécifique**
   - **Définition** : Un objectif spécifique est clairement défini et sans ambiguïté. Il répond aux questions : Quoi, Pourquoi, Qui, Où, et Quels sont les besoins ?
   - **Exemple** : Au lieu de dire "Je veux améliorer mes finances", dites "Je veux réduire mes dépenses mensuelles de 20% d'ici la fin de l'année".

2. **Mesurable**
   - **Définition** : Un objectif mesurable inclut des critères concrets pour suivre vos progrès et déterminer quand l'objectif est atteint.
   - **Exemple** : "Je veux épargner 500 euros par mois" est un objectif mesurable, car vous pouvez suivre combien vous épargnez chaque mois.

3. **Atteignable**
   - **Définition** : Un objectif atteignable est réaliste et basé sur vos capacités actuelles et les ressources disponibles. Il doit être ambitieux

mais réalisable.
- **Exemple** : "Je veux réduire mes dépenses de 20% en ajustant mon budget et en éliminant les dépenses non essentielles" est atteignable si vous avez déjà identifié où vous pouvez réduire vos dépenses.

4. **Réaliste**
    - **Définition** : Un objectif réaliste prend en compte les contraintes et les ressources disponibles. Il doit être pertinent pour vos aspirations et vos capacités.
    - **Exemple** : "Je veux épargner 500 euros par mois en réduisant les sorties au restaurant et en cuisinant davantage à la maison" est réaliste si vous avez un revenu suffisant et la possibilité de cuisiner chez vous.

5. **Temporel**
    - **Définition** : Un objectif temporel a une échéance claire. Il spécifie quand l'objectif doit être atteint.
    - **Exemple** : "Je veux avoir économisé 6000 euros d'ici la fin de l'année" donne une date limite précise pour l'objectif.

Exemples d'Objectifs en Gestion du Temps et des Finances

Gestion Du Temps

1. **Spécifique** : "Je veux terminer mon projet de travail en réduisant le temps passé sur les réseaux sociaux."
2. **Mesurable** : "Je vais réduire mon utilisation des réseaux sociaux à 30 minutes par jour."

3. **Atteignable** : "Je vais utiliser des applications de gestion du temps pour suivre et limiter mon utilisation des réseaux sociaux."
4. **Réaliste** : "Je vais m'accorder une pause de 5 minutes toutes les heures pour vérifier mes réseaux sociaux, mais pas plus."
5. **Temporel** : "Je vais mettre en place cette nouvelle habitude d'ici la fin du mois et évaluer les résultats."

Gestion Des Finances

1. **Spécifique** : "Je veux augmenter mon épargne pour un fonds d'urgence."
2. **Mesurable** : "Je vais épargner 200 euros de plus chaque mois."
3. **Atteignable** : "Je vais analyser mon budget pour identifier et réduire les dépenses non essentielles."
4. **Réaliste** : "Je vais annuler mon abonnement à la salle de sport que je n'utilise pas et réduire les repas à l'extérieur."
5. **Temporel** : "Je vais commencer ce mois-ci et atteindre un fonds d'urgence de 2400 euros en un an."

En utilisant la méthode SMART, vous pouvez définir des objectifs clairs et réalisables qui vous guideront vers une gestion efficace de votre temps et de vos finances. Ces objectifs serviront de feuille de route, vous permettant de suivre vos progrès et d'ajuster vos efforts pour assurer votre succès.

CHAPITRE 3 : TECHNIQUES DE GESTION DU TEMPS

Introduction aux Techniques de Gestion du Temps

La gestion du temps est une compétence essentielle pour augmenter la productivité, réduire le stress et atteindre ses objectifs. Elle consiste à utiliser des méthodes et des outils pour planifier, organiser et prioriser ses tâches de manière efficace. Dans ce chapitre, nous allons explorer plusieurs techniques éprouvées qui vous aideront à optimiser votre emploi du temps et à mieux gérer vos responsabilités quotidiennes.

Méthode Pomodoro

La méthode Pomodoro est une technique de gestion du temps développée par Francesco Cirillo dans les années 1980. Elle repose sur l'idée de travailler en blocs de temps courts, appelés "pomodoros", suivis de courtes pauses.

1. **Principe de Base** :
   - Travailler pendant 25 minutes sur une tâche (un pomodoro).
   - Faire une pause de 5 minutes après chaque pomodoro.
   - Après quatre pomodoros, prendre une pause plus longue de 15-30 minutes.
2. **Avantages** :
   - Améliore la concentration en limitant les distractions.

- Réduit la fatigue mentale grâce à des pauses régulières.
- Favorise un sentiment d'accomplissement en terminant des sessions de travail courtes mais productives.

3. **Mise en Pratique** :
   - Choisissez une tâche à accomplir.
   - Réglez un minuteur sur 25 minutes et travaillez jusqu'à ce qu'il sonne.
   - Notez chaque pomodoro accompli et prenez des pauses selon les règles établies.

Matrice D'eisenhower

La matrice d'Eisenhower, également appelée matrice d'urgence/importance, est un outil de gestion du temps qui aide à prioriser les tâches en fonction de leur urgence et de leur importance.

1. **Principe de Base** :
   - Diviser les tâches en quatre catégories :
     1. Urgentes et importantes (à faire immédiatement).
     2. Importantes mais non urgentes (à planifier).
     3. Urgentes mais non importantes (à déléguer si possible).
     4. Non urgentes et non importantes (à éliminer).

2. **Avantages** :
   - Aide à se concentrer sur ce qui compte vraiment.
   - Réduit le stress en éliminant les tâches inutiles.
   - Améliore la gestion des priorités.

3. **Mise en Pratique** :
    - Faites une liste de toutes vos tâches.
    - Classez chaque tâche dans l'une des quatre catégories.
    - Agissez en conséquence en donnant la priorité aux tâches urgentes et importantes.

Listes De Tâches Et Priorisation

Les listes de tâches sont un outil simple mais puissant pour organiser et gérer vos activités quotidiennes. Elles vous aident à garder une vue d'ensemble de ce que vous devez faire et à éviter les oublis.

1. **Principe de Base** :
    - Écrire toutes les tâches à accomplir.
    - Utiliser des outils comme des carnets, des applications de gestion des tâches ou des tableaux blancs.

2. **Priorisation** :
    - Utiliser des codes de couleur ou des numéros pour indiquer l'importance et l'urgence des tâches.
    - Tâches prioritaires en haut de la liste, moins importantes en bas.

3. **Avantages** :
    - Clarifie les priorités.
    - Offre une vue d'ensemble des tâches à accomplir.
    - Réduit l'anxiété en visualisant les progrès.

4. **Mise en Pratique** :
    - Créez une nouvelle liste chaque jour ou chaque semaine.

- Révisez et mettez à jour la liste régulièrement pour refléter les changements de priorités.

Techniques Pour Éviter La Procrastination

La procrastination est l'ennemi de la productivité. Voici quelques techniques pour la surmonter :

1. **Technique des Petites Étapes** :
   - Divisez les grandes tâches en petites étapes plus gérables.
   - Commencez par la première étape pour réduire la sensation d'être submergé.

2. **La Règle des Deux Minutes** :
   - Si une tâche prend moins de deux minutes, faites-la immédiatement.
   - Cela empêche les petites tâches de s'accumuler.

3. **Utilisation de Délais** :
   - Fixez-vous des délais pour chaque tâche.
   - Les délais créent un sentiment d'urgence qui peut motiver à agir.

4. **Éliminer les Distractions** :
   - Identifiez et éliminez les distractions courantes (réseaux sociaux, notifications, etc.).
   - Créez un environnement de travail propice à la concentration.

Stratégies pour Maintenir la Concentration

Maintenir la concentration est crucial pour une gestion efficace du temps. Voici quelques stratégies pour y parvenir :

1. **Techniques de Pleine Conscience (Mindfulness)** :

- Pratiquez des exercices de pleine conscience pour améliorer la concentration.
- Méditation et respiration profonde peuvent aider à recentrer l'attention.

2. **Environnement de Travail** :
   - Aménagez un espace de travail propre et organisé.
   - Utilisez des écouteurs pour réduire les bruits environnants.

3. **Gestion des Pauses** :
   - Prenez des pauses régulières pour éviter la fatigue mentale.
   - Utilisez des techniques comme la méthode Pomodoro pour structurer les pauses.

4. **Planification des Tâches** :
   - Alternez les tâches exigeantes mentalement et celles plus simples.
   - Planifiez les tâches les plus importantes pendant les périodes de haute énergie.

En intégrant ces techniques de gestion du temps dans votre routine quotidienne, vous serez mieux équipé pour gérer vos responsabilités, éviter la procrastination et maintenir une concentration optimale. Cela vous permettra non seulement d'atteindre vos objectifs plus efficacement, mais aussi de profiter d'une vie plus équilibrée et moins stressante.

CHAPITRE 4 : STRATÉGIES FINANCIÈRES PERSONNELLES

Établir un Budget : Étapes et Outils

Établir un budget est la première étape vers une gestion financière saine. Un budget vous permet de comprendre vos revenus et vos dépenses, et de planifier en conséquence pour atteindre vos objectifs financiers.

Étapes Pour Établir Un Budget :

1. **Analyse des Revenus** :
   - Calculez vos revenus mensuels nets (après impôts).
   - Incluez toutes les sources de revenus, y compris les salaires, les revenus de location, etc.

2. **Analyse des Dépenses** :
   - Listez toutes vos dépenses mensuelles fixes (loyer, prêts, abonnements).
   - Listez vos dépenses variables (alimentation, divertissement, transport).

3. **Catégorisation des Dépenses** :
   - Séparez les dépenses en catégories (logement, alimentation, transport, loisirs).
   - Identifiez les dépenses nécessaires et les dépenses discrétionnaires.

4. **Fixation des Objectifs** :
   - Définissez des objectifs financiers clairs

(épargne, remboursement de dettes, investissement).
- Assignez des montants spécifiques à chaque catégorie de dépenses et objectifs.

5. **Suivi et Ajustement** :
   - Surveillez vos dépenses mensuellement pour vérifier si vous respectez votre budget.
   - Ajustez votre budget en fonction des variations de revenus et de dépenses.

Outils Pour Établir Un Budget :

1. **Applications Mobiles** :
   - **Mint, YNAB (You Need A Budget), PocketGuard**.
   - Ces applications permettent de suivre les dépenses en temps réel et d'automatiser la budgétisation.

2. **Feuilles de Calcul** :
   - Utilisez des modèles de feuilles de calcul (Excel, Google Sheets).
   - Personnalisez les modèles pour adapter à vos besoins spécifiques.

3. **Logiciels de Gestion Financière** :
   - **Quicken, Moneydance**.
   - Offrent des fonctionnalités avancées pour la gestion de plusieurs comptes et la planification financière.

Suivi des Dépenses et Optimisation des Coûts

Suivi des Dépenses est crucial pour comprendre où va votre argent et pour identifier les domaines où vous pouvez réduire les coûts.

Étapes Pour Le Suivi Des Dépenses :

1. **Enregistrement des Dépenses** :
   - Notez chaque dépense quotidienne, y compris les petites dépenses.
   - Utilisez des applications ou des journaux de dépenses pour suivre les dépenses facilement.
2. **Analyse Mensuelle** :
   - Examinez vos dépenses mensuellement pour identifier les tendances et les anomalies.
   - Comparez les dépenses réelles aux prévisions budgétaires.
3. **Identification des Dépenses Inutiles** :
   - Repérez les dépenses non essentielles ou les abonnements inutilisés.
   - Identifiez les domaines où vous dépensez plus que nécessaire.

Optimisation Des Coûts :

1. **Réduction des Dépenses Variables** :
   - Recherchez des alternatives moins chères pour les dépenses variables (par ex. cuisiner à la maison au lieu de manger au restaurant).
   - Utilisez des coupons et des offres promotionnelles.
2. **Renégociation des Dépenses Fixes** :
   - Négociez avec les fournisseurs de services pour obtenir de meilleurs tarifs (assurance,

téléphone, Internet).
- Envisagez de regrouper des services pour bénéficier de remises.

3. **Élimination des Dépenses Inutiles** :
   - Annulez les abonnements non utilisés ou sous-utilisés.
   - Réduisez les achats impulsifs en fixant des règles strictes pour les dépenses discrétionnaires.

Stratégies d'Épargne Efficaces

L'épargne est essentielle pour atteindre vos objectifs financiers à long terme et pour vous préparer aux imprévus.

Stratégies D'épargne :

1. **Épargne Automatique** :
   - Configurez des virements automatiques de votre compte courant vers votre compte d'épargne.
   - Planifiez des virements réguliers après chaque paie pour une épargne systématique.

2. **Épargne par Objectifs** :
   - Fixez des objectifs spécifiques pour l'épargne (vacances, achat de maison, fonds d'urgence).
   - Créez des comptes d'épargne séparés pour chaque objectif afin de suivre les progrès.

3. **Réduction des Dépenses pour Augmenter l'Épargne** :
   - Réduisez les dépenses discrétionnaires et réaffectez ces montants à l'épargne.
   - Utilisez des stratégies de budgétisation pour

trouver des économies potentielles.
4. **Utilisation des Outils d'Épargne** :
   - Utilisez des applications d'épargne comme **Acorns, Chime, Digit** qui facilitent l'épargne automatique.
   - Recherchez des comptes d'épargne à haut rendement pour maximiser les intérêts.

Introduction à l'Investissement : Principes de Base

L'investissement est une stratégie clé pour faire fructifier votre argent à long terme.

Principes De Base De L'investissement :

1. **Diversification** :
   - Répartissez vos investissements sur plusieurs classes d'actifs (actions, obligations, immobilier) pour réduire le risque.
   - Investissez dans différents secteurs et régions géographiques.
2. **Risque et Rendement** :
   - Comprenez la relation entre risque et rendement : les investissements à haut rendement potentiels comportent généralement un risque plus élevé.
   - Évaluez votre tolérance au risque avant d'investir.
3. **Horizon Temporel** :
   - Déterminez votre horizon d'investissement : court terme (1-3 ans), moyen terme (3-5 ans), long terme (5+ ans).

- Adaptez votre stratégie d'investissement à votre horizon temporel.
4. **Composés des Intérêts** :
    - Profitez de la magie des intérêts composés : réinvestissez les gains pour maximiser la croissance de votre investissement.
    - Plus vous commencez tôt, plus les intérêts composés seront bénéfiques.
5. **Éducation et Recherche** :
    - Informez-vous sur les différents types d'investissements et les stratégies.
    - Utilisez des ressources éducatives (livres, cours en ligne, conseillers financiers).

Gestion des Dettes : Comment Réduire et Éliminer les Dettes

La gestion des dettes est essentielle pour une santé financière à long terme.

Stratégies Pour Réduire Et Éliminer Les Dettes :

1. **Évaluation de la Dette** :
    - Faites une liste de toutes vos dettes avec les taux d'intérêt et les montants dus.
    - Classez les dettes en fonction de leur taux d'intérêt (du plus élevé au plus bas).
2. **Plan de Remboursement de la Dette** :
    - Méthode Avalanche : Priorisez le remboursement des dettes avec les taux d'intérêt les plus élevés pour économiser sur les intérêts.

- Méthode Boule de Neige : Priorisez les dettes les plus petites pour des gains psychologiques et un sentiment d'accomplissement.

3. **Consolidation de la Dette** :
   - Regroupez plusieurs dettes en un seul prêt avec un taux d'intérêt inférieur.
   - Envisagez un prêt personnel ou un transfert de solde sur une carte de crédit à taux d'intérêt bas.

4. **Négociation des Taux d'Intérêt** :
   - Contactez vos créanciers pour négocier des taux d'intérêt plus bas.
   - Envisagez de travailler avec un conseiller en crédit pour négocier en votre nom.

5. **Augmentation des Paiements Mensuels** :
   - Augmentez vos paiements mensuels pour rembourser plus rapidement vos dettes.
   - Utilisez des revenus supplémentaires (primes, travail à temps partiel) pour accélérer le remboursement.

6. **Éviter les Nouvelles Dettes** :
   - Évitez d'accumuler de nouvelles dettes pendant que vous remboursez les anciennes.
   - Utilisez des cartes de crédit de manière responsable et payez le solde complet chaque mois.

En appliquant ces stratégies, vous pourrez établir un budget solide, suivre vos dépenses, épargner efficacement, investir judicieusement et gérer vos dettes de manière proactive. Ces compétences financières vous aideront à atteindre vos objectifs financiers et à assurer une stabilité économique à long terme.

CHAPITRE 5 : ÉQUILIBRE VIE PROFESSIONNELLE ET PERSONNELLE

Importance de l'Équilibre Vie Professionnelle/Vie Personnelle

Maintenir un équilibre sain entre vie professionnelle et vie personnelle est crucial pour le bien-être général. Cet équilibre permet de réduire le stress, d'améliorer la santé mentale et physique, et de renforcer les relations personnelles.

Pourquoi C'est Important :

1. **Santé Mentale** :
    - Un bon équilibre aide à prévenir le burn-out et la dépression.
    - Il favorise une meilleure gestion du stress et des émotions.

2. **Santé Physique** :
    - Réduire les heures de travail excessives diminue le risque de maladies chroniques (maladies cardiaques, hypertension).
    - Favorise une meilleure qualité de sommeil et de nutrition.

3. **Productivité et Satisfaction au Travail** :
    - Les employés équilibrés sont généralement plus productifs et engagés.
    - Un bon équilibre mène à une plus grande

satisfaction professionnelle et personnelle.
4. **Relations Personnelles** :
   - Permet de consacrer du temps de qualité à la famille et aux amis.
   - Renforce les liens et améliore la communication dans les relations.

Techniques Pour Équilibrer Les Responsabilités Professionnelles Et Les Besoins Personnels

1. **Définir des Limites Claires** :
   - **Heures de Travail Fixes** : Respectez des heures de début et de fin de travail régulières.
   - **Non aux Heures Supplémentaires** : Évitez de ramener du travail à la maison ou de travailler les week-ends.
2. **Planification et Organisation** :
   - **Agenda** : Utilisez un agenda pour planifier votre journée, y compris les temps de pause et les activités personnelles.
   - **Priorisation** : Classez les tâches par ordre d'importance et d'urgence.
3. **Techniques de Gestion du Temps** :
   - **Méthode Pomodoro** : Travaillez par blocs de 25 minutes avec des pauses de 5 minutes.
   - **Matrice d'Eisenhower** : Priorisez les tâches importantes et urgentes, et déléguez ou éliminez les autres.
4. **Communication** :
   - **Discuter avec l'Employeur** : Négociez des horaires de travail flexibles ou du télétravail si possible.

- **Transparence** : Informez votre employeur et vos collègues de vos limites et respectez-les.

5. **Délégation** :
    - **Au Travail** : Déléguez des tâches aux collègues ou aux subordonnés lorsque c'est possible.
    - **À la Maison** : Partagez les responsabilités domestiques avec les membres de la famille.

Utilisation Optimale Du Temps Libre

1. **Planification du Temps Libre** :
    - **Activités Planifiées** : Prévoir des activités relaxantes ou enrichissantes.
    - **Équilibre** : Assurez-vous de varier les activités entre détente, loisirs et temps en famille.

2. **Déconnexion** :
    - **Technologie** : Éteignez les appareils électroniques pendant les temps libres pour éviter les distractions liées au travail.
    - **Loisirs Sans Écran** : Privilégiez des activités qui ne nécessitent pas d'écran (lecture, sport, jeux de société).

3. **Activités Physiques** :
    - **Exercice Régulier** : Intégrez des exercices physiques dans votre routine quotidienne (marche, yoga, natation).
    - **Nature** : Passez du temps à l'extérieur pour profiter des bienfaits de la nature.

4. **Temps de Qualité avec les Proches** :
    - **Activités en Famille** : Organisez des sorties ou des activités familiales régulières.
    - **Amis** : Prenez le temps de rencontrer vos amis et de renforcer vos liens sociaux.

Activités Enrichissantes Pour Améliorer La Qualité De Vie

1. **Développement Personnel** :
   - **Formation Continue** : Suivez des cours ou des ateliers pour développer de nouvelles compétences ou hobbies.
   - **Lecture** : Lisez des livres sur des sujets qui vous passionnent ou des romans pour vous détendre.

2. **Activités Créatives** :
   - **Arts et Artisanat** : Dessinez, peignez, sculptez, ou essayez des projets DIY (Do It Yourself).
   - **Musique** : Apprenez à jouer d'un instrument ou écoutez de la musique pour vous détendre.

3. **Méditation et Relaxation** :
   - **Méditation** : Pratiquez la méditation ou la pleine conscience pour réduire le stress et améliorer la concentration.
   - **Relaxation** : Essayez des techniques de relaxation comme le yoga ou les bains relaxants.

4. **Volontariat et Engagement Communautaire** :
   - **Bénévolat** : Participez à des activités de bénévolat pour aider les autres et vous sentir utile.
   - **Activités Communautaires** : Engagez-vous dans des événements locaux ou des clubs pour renforcer le sentiment d'appartenance.

5. **Voyages et Découvertes** :
   - **Voyages** : Planifiez des voyages pour découvrir de nouveaux endroits et cultures.

- **Exploration Locale** : Explorez votre région, visitez des musées, des parcs, ou des sites historiques.

En intégrant ces techniques et activités dans votre vie quotidienne, vous pouvez créer un équilibre sain entre vie professionnelle et vie personnelle, améliorer votre bien-être global et profiter d'une vie plus enrichissante et satisfaisante.

CHAPITRE 6 : INTÉGRATION ET MISE EN PRATIQUE

Exemples Concrets et Études de Cas

Les exemples concrets et les études de cas permettent d'illustrer les concepts abordés et de montrer comment ils peuvent être appliqués dans la vie réelle.

1. **Étude de Cas 1 : Marie, une cadre surchargée** :
   - **Situation Initiale** : Marie travaille dans une grande entreprise et a du mal à gérer son temps entre ses responsabilités professionnelles et sa vie personnelle.
   - **Actions Entreprises** : Elle commence à utiliser la méthode Pomodoro pour structurer son travail et adopte la matrice d'Eisenhower pour prioriser ses tâches.
   - **Résultats** : En quelques mois, Marie réussit à réduire son stress, augmente sa productivité au travail et trouve du temps pour des activités personnelles.

2. **Étude de Cas 2 : Paul et la gestion de ses finances personnelles** :
   - **Situation Initiale** : Paul a des dettes de cartes de crédit élevées et n'a pas d'épargne.
   - **Actions Entreprises** : Il établit un budget en utilisant une application mobile, commence à suivre ses dépenses et applique la méthode de la boule de neige pour rembourser ses dettes.
   - **Résultats** : Paul parvient à rembourser ses

dettes en 18 mois et commence à épargner régulièrement pour ses projets futurs.
3. **Étude de Cas 3 : Sophie et l'équilibre vie professionnelle/vie personnelle** :
    - **Situation Initiale** : Sophie, mère de deux enfants, jongle entre ses responsabilités familiales et son travail à temps plein.
    - **Actions Entreprises** : Elle négocie des horaires flexibles avec son employeur et planifie des activités familiales régulières pour mieux équilibrer ses responsabilités.
    - **Résultats** : Sophie trouve un meilleur équilibre, ce qui améliore sa satisfaction au travail et sa vie familiale.

Histoires de Réussite : Témoignages et Parcours Inspirants

Les témoignages et parcours inspirants montrent que la gestion du temps et des finances peut avoir un impact significatif sur la vie des gens.

1. **Témoignage de Jean, entrepreneur** :
    - **Défi** : Jean a lancé une entreprise mais avait du mal à gérer son temps, ce qui affectait sa productivité et son équilibre de vie.
    - **Solution** : En suivant un plan de gestion du temps structuré et en utilisant des outils de suivi des dépenses, Jean a réussi à faire croître son entreprise tout en trouvant du temps pour sa famille.
    - **Résultat** : Aujourd'hui, Jean dirige une entreprise prospère et a un bon équilibre entre

sa vie professionnelle et personnelle.
2. **Parcours de Claire, enseignante :**
    - **Défi** : Claire avait des difficultés à épargner et à investir en raison de dépenses imprévues.
    - **Solution** : Elle a adopté une stratégie d'épargne automatique et a commencé à investir dans des fonds indiciels avec l'aide d'un conseiller financier.
    - **Résultat** : Claire a constitué un fonds d'urgence solide et a vu ses investissements croître, lui offrant une sécurité financière accrue.
3. **Récit de Marc, cadre supérieur :**
    - **Défi** : Marc travaillait de longues heures et négligeait sa santé et ses relations personnelles.
    - **Solution** : En intégrant des techniques de gestion du temps et en fixant des limites claires, il a réussi à réduire ses heures de travail tout en maintenant sa productivité.
    - **Résultat** : Marc a amélioré sa santé, passé plus de temps avec sa famille et est devenu plus épanoui dans sa vie professionnelle.

Plan d'Action Étape par Étape

Un plan d'action clair et structuré est essentiel pour mettre en œuvre les stratégies de gestion du temps et des finances.

1. **Évaluation de la Situation Actuelle :**
    - **Analyse des Revenus et Dépenses** : Listez tous vos revenus et dépenses pour avoir une vue d'ensemble de votre situation financière.
    - **Évaluation du Temps** : Analysez comment vous passez votre temps chaque jour pour identifier les domaines d'amélioration.

- **Identification des Points Faibles** : Repérez les domaines où vous perdez du temps ou dépensez de manière inefficace.

2. **Définition des Objectifs** :
   - **Objectifs Financiers** : Fixez des objectifs clairs et mesurables, comme rembourser une dette, constituer un fonds d'urgence ou épargner pour un achat important.
   - **Objectifs de Gestion du Temps** : Définissez des objectifs pour mieux organiser votre temps, comme réduire les heures de travail supplémentaires ou passer plus de temps avec la famille.
   - **Objectifs de Bien-Être** : Fixez des objectifs pour améliorer votre santé et votre bien-être, comme pratiquer une activité physique régulière ou méditer quotidiennement.

3. **Mise en Place des Stratégies** :
   - **Budget et Suivi des Dépenses** : Établissez un budget mensuel et utilisez des outils pour suivre vos dépenses.
   - **Techniques de Gestion du Temps** : Adoptez des techniques comme la méthode Pomodoro, la matrice d'Eisenhower et la planification des tâches.
   - **Stratégies d'Épargne et d'Investissement** : Mettez en place des virements automatiques vers votre compte d'épargne et commencez à investir progressivement.
   - **Équilibre Vie Professionnelle/Vie Personnelle** : Négociez des horaires flexibles, définissez des limites claires et planifiez des activités personnelles régulières.

4. **Suivi et Ajustements Réguliers** :
    - **Revue Mensuelle** : Examinez vos progrès chaque mois en comparant vos résultats aux objectifs fixés.
    - **Ajustements** : Adaptez votre plan en fonction des résultats obtenus et des changements dans votre vie.
    - **Feedback et Amélioration Continue** : Cherchez des moyens d'améliorer constamment votre gestion du temps et des finances, et sollicitez des retours de votre entourage.

En suivant ce plan d'action étape par étape, vous pourrez structurer votre approche de la gestion du temps et des finances de manière efficace et cohérente, ce qui vous aidera à atteindre vos objectifs et à améliorer votre qualité de vie.

CHAPITRE 7 : RESSOURCES ET OUTILS

Applications de Gestion du Temps

Les applications de gestion du temps sont des outils puissants pour améliorer votre productivité et mieux organiser vos journées.

1. **Trello** :
   - **Fonctionnalités** : Outil de gestion de projets visuel utilisant des tableaux, des listes et des cartes. Idéal pour organiser les tâches et les projets personnels ou professionnels.
   - **Avantages** : Interface intuitive, possibilité de collaborer avec d'autres utilisateurs, et intégration avec de nombreuses autres applications.

2. **Todoist** :
   - **Fonctionnalités** : Application de gestion des tâches avec des fonctionnalités de planification et de priorisation. Permet de créer des listes de tâches, de définir des échéances et de suivre la progression.
   - **Avantages** : Synchronisation entre appareils, fonctionnalités de gestion de projets, et interface épurée.

3. **Evernote** :
   - **Fonctionnalités** : Application de prise de notes et de gestion de l'information. Permet de capturer des idées, de gérer des tâches et de

stocker des documents.
- **Avantages** : Organisation des notes en carnets, recherche puissante, et possibilité d'ajouter des pièces jointes.

4. **Microsoft To Do** :
   - **Fonctionnalités** : Application de gestion des tâches qui permet de créer des listes de tâches et de définir des rappels. Intégration avec d'autres services Microsoft comme Outlook.
   - **Avantages** : Synchronisation avec les autres produits Microsoft, interface simple et intuitive.

5. **Focus@Will** :
   - **Fonctionnalités** : Application de musique basée sur des recherches scientifiques pour améliorer la concentration. Offre des playlists adaptées aux besoins de concentration.
   - **Avantages** : Amélioration de la concentration, personnalisation des playlists, et interface user-friendly.

Outils Financiers et Logiciels de Budget

Les outils financiers et logiciels de budget aident à suivre vos finances, établir des budgets et gérer vos investissements.

1. **Mint** :
   - **Fonctionnalités** : Application gratuite qui permet de suivre vos dépenses, de gérer votre budget et de surveiller vos comptes bancaires et cartes de crédit.
   - **Avantages** : Interface conviviale, alertes de dépassement de budget, et rapports financiers

détaillés.

2. **YNAB (You Need A Budget)** :
   - **Fonctionnalités** : Outil de budgétisation axé sur la méthode des "4 règles". Permet de planifier chaque dollar, de suivre les dépenses et de travailler sur les objectifs financiers.
   - **Avantages** : Méthodologie éprouvée, outils éducatifs, et soutien communautaire.

3. **PocketGuard** :
   - **Fonctionnalités** : Application de gestion financière qui aide à comprendre combien vous pouvez dépenser en tenant compte de vos revenus, dépenses et objectifs d'épargne.
   - **Avantages** : Simplicité d'utilisation, fonctionnalité de suivi des dépenses en temps réel, et alertes sur les dépenses.

4. **Quicken** :
   - **Fonctionnalités** : Logiciel complet pour la gestion de vos finances personnelles, y compris la budgétisation, la gestion des investissements et le suivi des dépenses.
   - **Avantages** : Outils avancés pour la gestion de la trésorerie, rapports financiers détaillés, et fonctionnalités de suivi des investissements.

5. **GoodBudget** :
   - **Fonctionnalités** : Application de budgétisation basée sur la méthode des enveloppes. Permet de planifier les dépenses en utilisant des enveloppes virtuelles.
   - **Avantages** : Gestion simple des budgets, synchronisation entre appareils, et capacité à suivre plusieurs comptes.

Livres Recommandés pour Aller Plus Loin

Ces livres offrent des conseils approfondis et des stratégies sur la gestion du temps, des finances et le développement personnel.

1. **"Les 7 habitudes des gens efficaces" de Stephen R. Covey** :
   - **Contenu** : Guide sur la gestion du temps et des priorités, offrant des techniques pour devenir plus efficace dans les aspects personnels et professionnels de la vie.
2. **"La magie du rangement" de Marie Kondo** :
   - **Contenu** : Méthode de rangement qui aide à organiser et à désencombrer votre espace de vie, ce qui peut améliorer votre productivité et votre bien-être général.
3. **"Rich Dad Poor Dad" de Robert T. Kiyosaki** :
   - **Contenu** : Livre sur la gestion financière personnelle et l'investissement, offrant des perspectives sur la création de richesse et la gestion des finances.
4. **"L'art de la simplicité" de Dominique Loreau** :
   - **Contenu** : Guide sur la simplification de la vie et la gestion du temps, offrant des conseils pratiques pour une vie plus équilibrée et plus sereine.
5. **"Le pouvoir des habitudes" de Charles Duhigg** :
   - **Contenu** : Analyse des habitudes et de la manière dont elles influencent notre vie, avec

des stratégies pour développer de bonnes habitudes et éliminer les mauvaises.

Sites Web et Blogs Utiles

Ces sites web et blogs fournissent des conseils pratiques, des astuces et des ressources sur la gestion du temps et des finances.

1. **Lifehacker (lifehacker.com)** :
   - **Contenu** : Articles et astuces sur la productivité, la gestion du temps, et l'amélioration de la qualité de vie.
2. **The Simple Dollar (thesimpledollar.com)** :
   - **Contenu** : Conseils sur la gestion des finances personnelles, le budget, et l'investissement.
3. **NerdWallet (nerdwallet.com)** :
   - **Contenu** : Ressources pour la gestion des finances personnelles, y compris des guides pour le budget, les cartes de crédit et les prêts.
4. **Frugalwoods (frugalwoods.com)** :
   - **Contenu** : Blog axé sur la frugalité, l'épargne et les stratégies pour atteindre la liberté financière.
5. **Zen Habits (zenhabits.net)** :
   - **Contenu** : Blog sur la simplicité, la productivité et le développement personnel, offrant des conseils pratiques pour une vie plus équilibrée.

En utilisant ces ressources, vous pourrez approfondir vos connaissances, affiner vos stratégies et optimiser vos pratiques en matière de gestion du temps et des finances. Ces outils et références vous aideront à atteindre vos objectifs de manière plus efficace et à améliorer votre qualité de vie globale.

CONCLUSION

Résumé des Points Clés

Dans cet eBook, nous avons exploré les aspects essentiels de la gestion du temps et des finances, en mettant l'accent sur des techniques pratiques et des stratégies éprouvées pour améliorer votre qualité de vie. Voici un récapitulatif des points clés abordés :

1. **Importance de la Gestion du Temps et des Finances** :
   - La gestion efficace du temps et des finances est cruciale pour atteindre vos objectifs personnels et professionnels, réduire le stress et améliorer votre bien-être général.

2. **Fixation des Objectifs** :
   - La méthodologie SMART (Spécifique, Mesurable, Atteignable, Réaliste, Temporel) vous aide à définir des objectifs clairs et réalisables, tant en matière de gestion du temps qu'en finances.

3. **Techniques de Gestion du Temps** :
   - **Méthode Pomodoro** : Utilisation de blocs de temps concentrés pour améliorer la productivité.
   - **Matrice d'Eisenhower** : Priorisation des tâches en fonction de leur importance et urgence.
   - **Listes de Tâches** : Organisation des tâches et gestion des priorités.
   - **Stratégies Anti-Procrastination** : Techniques pour surmonter la procrastination et maintenir la concentration.

4. **Gestion Financière** :
    - **Établissement du Budget** : Création d'un budget et suivi des dépenses pour mieux contrôler vos finances.
    - **Épargne et Investissement** : Stratégies d'épargne efficace et principes de base de l'investissement.
    - **Gestion des Dettes** : Méthodes pour réduire et éliminer les dettes de manière stratégique.
5. **Équilibre Vie Professionnelle/Vie Personnelle** :
    - Techniques pour équilibrer les responsabilités professionnelles et les besoins personnels, optimisation du temps libre, et activités enrichissantes pour améliorer la qualité de vie.
6. **Applications et Outils** :
    - Utilisation d'applications de gestion du temps et de logiciels financiers pour mieux organiser votre quotidien et gérer vos finances.
7. **Ressources Supplémentaires** :
    - Livres recommandés, sites web et blogs utiles pour approfondir vos connaissances et améliorer vos pratiques en gestion du temps et des finances.

Encouragement à l'Action

Maintenant que vous avez exploré les principes et les outils nécessaires pour une gestion efficace du temps et des finances, il est temps de passer à l'action. Voici quelques encouragements pour vous aider à mettre en œuvre ce que vous avez appris :

1. **Commencez Petit** :
    - Ne tentez pas de tout changer en même temps. Choisissez une ou deux techniques ou

stratégies à mettre en œuvre dès maintenant, puis ajoutez-en d'autres progressivement.

2. **Établissez un Plan d'Action** :
   - Créez un plan d'action détaillé basé sur les stratégies discutées dans cet eBook. Fixez des dates limites et suivez vos progrès régulièrement.

3. **Soyez Consistant** :
   - La clé du succès réside dans la régularité. Mettez en place des habitudes saines et tenez-vous-y, même lorsque la motivation diminue.

4. **Recherchez du Soutien** :
   - Partagez vos objectifs avec des amis, de la famille ou un mentor. Le soutien extérieur peut fournir de la motivation et des conseils précieux.

5. **Révisez et Ajustez** :
   - Évaluez régulièrement vos progrès et ajustez vos stratégies si nécessaire. La flexibilité est essentielle pour s'adapter aux changements et optimiser vos résultats.

6. **Célébrez Vos Réussites** :
   - Prenez le temps de célébrer vos réussites, même les petites victoires. Cela vous encouragera à continuer et à rester engagé dans votre démarche.

Mot de la Fin

Félicitations pour avoir pris le temps de lire cet eBook et d'investir dans votre développement personnel et financier. La gestion du temps et des finances est un voyage continu qui exige de l'engagement et de la persévérance, mais les bénéfices en valent largement la peine.

Rappelez-vous que chaque petit pas que vous faites vers une meilleure gestion de votre temps et de vos finances contribue à un avenir plus équilibré et plus prospère. Soyez patient avec vous-même, et sachez que les efforts que vous investissez aujourd'hui porteront leurs fruits demain.

Je vous souhaite beaucoup de succès dans la mise en œuvre des stratégies discutées et dans l'atteinte de vos objectifs. Continuez à apprendre, à grandir et à vous adapter, et vous serez sur la voie d'une vie plus épanouie et plus réussie.

Merci d'avoir lu cet eBook. Que votre voyage vers une meilleure gestion du temps et des finances soit rempli de succès et de satisfaction !

ANNEXES

- **Tableaux et Graphiques pour le Suivi du Budget**

Les tableaux et graphiques sont des outils visuels essentiels pour suivre et analyser vos finances. Ils permettent de visualiser vos revenus, dépenses et économies, facilitant ainsi la prise de décision et la gestion de votre budget.

1. **Tableau de Budget Mensuel** :
    - **Contenu** : Ce tableau comporte les catégories principales telles que les revenus, les dépenses fixes (loyer, prêts, assurances) et les dépenses variables (alimentation, loisirs). Il inclut également une colonne pour les économies prévues.

- Exemple :

Catégorie	Montant Prévu	Montant Réel	Écart
Revenus	3 000 €	3 050 €	+50 €
Loyer	1 000 €	1 000 €	0 €
Électricité	100 €	120 €	-20 €
Alimentation	300 €	350 €	-50 €
Loisirs	150 €	100 €	+50 €
Épargne	200 €	200 €	0 €
Total	3 750 €	3 820 €	+70 €

Graphique De Répartition Des Dépenses :

- **Contenu** : Un graphique circulaire ou en barres montrant la proportion de chaque catégorie de dépense par rapport au budget total. Ce graphique aide à identifier les domaines où vous dépensez le plus.

- **Exemple** : Un graphique circulaire montrant la répartition des dépenses entre alimentation, logement, loisirs, etc.

Tableau De Suivi Des Économies :

- **Contenu** : Tableau pour suivre vos économies mois par mois, avec des colonnes pour les objectifs d'épargne, les contributions mensuelles et les soldes accumulés.
- Exemple :

Mois	Objectif d'Épargne	Contribution	Solde Accumulé
Janvier	200 €	200 €	200 €
Février	200 €	200 €	400 €
Mars	200 €	200 €	600 €

- **Fiches Pratiques pour la Gestion du Temps**

Les fiches pratiques sont des outils rapides et faciles à utiliser pour améliorer la gestion du temps au quotidien.

1. **Fiche de Planification Quotidienne** :
   - **Contenu** : Une fiche pour planifier vos tâches quotidiennes avec des sections pour les tâches prioritaires, les tâches secondaires et les objectifs de la journée.

Exemple :

Heure	Tâche Prioritaire	Tâche Secondaire	Notes
08:00	Réunion avec l'équipe	Répondre aux emails	
10:00	Travail sur le projet X	Lire des articles	
14:00	Appel avec le client Y	Préparer le rapport	
16:00	Planifier la semaine	Réviser les documents	

Fiche De Suivi Des Progrès De Projet :

- **Contenu** : Outil pour suivre l'avancement des projets avec des colonnes pour les tâches complètes, les tâches en cours et les tâches à venir.

Exemple :

Tâche	Statut	Date de Début	Date d'Échéance	Notes
Recherche initiale	Complète	01/07/2024	10/07/2024	
Développement	En cours	11/07/2024	31/07/2024	
Test et validation	À venir	01/08/2024	15/08/2024	

Fiche De Priorisation Des Tâches :

- **Contenu** : Fiche pour classer les tâches par ordre de priorité en utilisant la méthode Eisenhower ou d'autres techniques de priorisation.

Exemple :

Tâche	Importance	Urgence	Priorité
Préparer la présentation	Élevée	Haute	1
Répondre aux emails	Moyenne	Moyenne	2
Mettre à jour le blog	Faible	Faible	4

- **Modèles de Planification d'Objectifs**

Les modèles de planification d'objectifs vous aident à structurer vos objectifs de manière claire et à suivre vos progrès.

1. **Modèle de Planification d'Objectifs SMART** :
    - **Contenu** : Un modèle pour définir des objectifs en suivant les critères SMART. Chaque objectif est détaillé avec des sections pour la spécificité, la mesurabilité, l'atteignabilité, la réalité et le timing.

Exemple :

Objectif	Spécifique	Mesurable	Atteignable	Réaliste	Temporel
Économiser pour des vacances	Économiser 1 000 € pour des vacances	1 000 € épargnés	Oui	Oui	Dans 6 mois

Modèle De Suivi Des Objectifs :

- **Contenu** : Outil pour suivre les progrès vers chaque objectif avec des colonnes pour les actions effectuées, les étapes réalisées et les obstacles rencontrés.

Exemple :

Objectif	Actions Effectuées	Étapes Réalisées	Obstacles	Progrès (%)
Réduire les dettes	Paiement des cartes de crédit	3/5 cartes payées	Augmentation des intérêts	60 %

Modèle De Révision Des Objectifs :

- **Contenu** : Modèle pour la révision régulière des objectifs, y compris les succès, les défis rencontrés, et les ajustements nécessaires.

Exemple :

Objectif	Succès Réalisés	Défis Rencontrés	Ajustements Nécessaires
Améliorer la productivité	Utilisation de la méthode Pomodoro	Difficulté à maintenir la concentration	Ajuster les périodes de travail

Ces outils et modèles pratiques vous permettent de suivre efficacement vos finances, de gérer votre temps de manière plus productive, et de planifier et atteindre vos objectifs avec plus de clarté. En les utilisant régulièrement, vous faciliterez la mise en œuvre des stratégies discutées dans cet eBook et avancerez plus rapidement vers vos objectifs personnels et professionnels.

www.ingramcontent.com/pod-product-compliance
Lightning Source LLC
Chambersburg PA
CBHW072019230526
45479CB00008B/293